BIBLIO•PHILIA

Barbara Behr
Edition

FSC
www.fsc.org
MIX
Papier aus verantwortungsvollen Quellen
FSC® C104723

ISBN 978-3-649-64248-0

Hafenweg 30, 48155 Münster, Germany

Design: Grafikteam Coppenrath und Die Spiegelburg

mit Illustrationen von Barbara Behr

Grafische Gestaltung: Daniela Lengers Grafik-Design, Laer

Redaktion: Inga Biller

www.coppenrath.de

Frohe Festtage!

COPPENRATH

Markt und Straßen stehn verlassen,
still erleuchtet
jedes Haus,

sinnend geh ich durch die Gassen,
alles sieht so
festlich aus.

JOSEPH VON EICHENDORFF

Mir ist das Herz *so froh* erschrocken,
das ist die liebe Weihnachtszeit!
Ich höre fernher Kirchenglocken
mich lieblich heimatlich verlocken
in märchenstille Herrlichkeit.

THEODOR STORM

Liebeläutend
zieht durch Kerzenhelle,
mild, wie Wälderduft, die
WEIHNACHTSZEIT.

JOACHIM RINGELNATZ

Da glänzt in die schneeige

Winternacht

der Mond verklärend und kalt;
es glitzert in funkelnder Silberpracht
der Reif an den Bäumen im Wald.
O Welt, wie bist du so schön.

MAURICE REINHOLD VON STERN

ALLES STILL!

Es tanzt den Reigen
Mondenstrahl in Wald und Flur,
und darüber thront das Schweigen
und der Winterhimmel nur.

THEODOR FONTANE

… Und eine
kurze Zeitspanne ruht
die weite Erde,
und das Flüstern
schweigt …

HUGO MARTI

Nun bricht die heil’ge Nacht herein
mit Glockenklang und Kerzenschein,
und jedem grünen Tannenbaum
entstrahlt ein lichter
Märchentraum.

FRIEDRICH DANNEMANN

O du fröhliche,
o du selige,
gnadenbringende
Weihnachtszeit!

JOHANNES DANIEL FALK

HEIL'GE NACHT,

mit tausend Kerzen
steigst du feierlich herauf,
oh, so geh in unsern Herzen,
Stern des Lebens, geh uns auf!

ROBERT PRUTZ

Nun leuchten wieder
die Weihnachtskerzen
und wecken
FREUDE
in allen Herzen.

GUSTAV FALKE

Wie schön geschmückt,
der festliche Raum!
Die Lichter
funkeln
am Weihnachtsbaum!
O fröhliche Zeit, o seliger Traum!

PETER CORNELIUS

Weihnachten!

Das sind die Festtage,
die mir in freundlichem Schimmer
lange entgegenleuchten.

E.T.A. HOFFMANN

Und so *leuchtet* die Welt
langsam der Weihnacht entgegen,
und der in Händen sie hält,
weiß um den Segen.

MATTHIAS CLAUDIUS

ADVENT
und
WEIHNACHT
sind wie ein Schlüsselloch,
durch das auf unseren
dunklen Erdenweg ein Schein
aus der Heimat fällt.

FRIEDRICH VON BODELSCHWINGH

Und wieder nun lässt
aus dem Dunkeln
die Weihnacht ihre Sterne funkeln!
Die Engel im Himmel
hört man sich küssen
und die ganze Welt riecht nach
Pfeffernüssen.

ARNO HOLZ

Wie weit die kleine
Kerze
dunklen Raum erhellt!
So scheint die gute Tat
in liebloser
Welt.

WILLIAM SHAKESPEARE

Das Licht der

HERRLICHKEIT

scheint mitten in der Nacht.
Wer kann es sehn?
Ein Herz, das Augen hat und wacht.

ANGELUS SILESIUS

ES IST SCHÖN,
DEN AUGEN DESSEN
ZU BEGEGNEN,
DEM MAN SOEBEN
ETWAS GESCHENKT HAT.

JEAN DE LA BRUYÈRE

Eine Umarmung
ist ein ideales
Geschenk:
Die Größe
passt jedem,
und niemand hat etwas dagegen,
wenn man es weitergibt.

HUGO BALL

Schenke herzlich und frei,
schenke dabei,
was in dir wohnt
an Meinung, Geschmack und Humor,
so dass die eigene Freude zuvor
dich reichlich belohnt.

JOACHIM RINGELNATZ

Die Erfüllung
eines Lieblingswunsches,
sei der Wunsch selber,
was er wolle,
berührt uns wie eine
Weihnachtsfreude.

THEODOR FONTANE

Man muss
das **Gute** tun,
damit es
in der Welt sei.

MARIE VON
EBNER-ESCHENBACH

Wenn auch die **FREUDE** eilig ist,
so geht doch vor ihr
eine lange Hoffnung her,
und ihr folgt
eine längere Erinnerung nach.

JEAN PAUL

Freuden,
die man
andern macht,
strahlen auf uns
zurück.

ANNA RITTER

Jeder Tag in unserem Leben
sollte ein Weihnachtstag sein, wo wir

FRIEDEN
UND FREUDE

empfangen und austeilen.

THEODOR STORM

Ich werde Weihnachten

in meinem Herzen

tragen und versuchen,

es das ganze Jahr hindurch

zu bewahren.

CHARLES DICKENS

Frieden kannst du
nur haben,
wenn du ihn
gibst.

MARIE VON EBNER-ESCHENBACH

BEWAHRE du zuerst
Frieden in dir selbst,
dann kannst du auch
anderen Frieden bringen.

THOMAS VON KEMPEN

Wir werden **FRIEDEN** finden,
wir werden Engel hören
und wir werden den diamantenen,
glitzernden Himmel sehen.

ANTON P. TSCHECHOW

Fröhlich
soll mein Herze springen
dieser Zeit,
da vor Freud
alle Engel singen.

PAUL GERHARDT

Dein Weihnachten soll ein

fröhliches

und dein neues Jahr ein

glückliches

sein!

CHARLES DICKENS

HEITERKEIT
ODER FREUDIGKEIT
IST DER HIMMEL,
UNTER DEM ALLES
GEDEIHT.

JEAN PAUL

Festglocken tönen überall,
es flammen tausend Kerzen.
Rings Freude nur und
Jubelschall
aus frohen Kinderherzen.

RUDOLF LÖWENSTEIN

Lasst uns

SPIELEND UND GUTGELAUNT

Weihnachten verbringen,
denn nur einmal im Jahr werden
die Weihnachtsglocken erklingen.

THOMAS TUSSER

O willkommen,
Weihnachtsabend,

allen Menschen, groß und klein!
Friedebringend, froh und labend
mögst du allen Herzen sein!

ADELHEID HUMPERDINCK-WETTE

Weihnachten

Weißer Flöckchen Schwebefall,
stille Klarheit überall,
Glockenklang und Schellenklingen,
Mäulchen, die vom Christkind singen,
Flammen, die von grünen Zweigen
gläubig, strahlend aufwärts steigen,
und im tiefsten Herzen drinnen
ein Erinnern, ein Besinnen ...

ANNA RITTER

Die *Liebe* soll
die Welt regieren
und Weihnacht zeigt,
dass sie's vermag.

LOUISE OTTO

MAN SOLL LIEBEN,

so viel man kann,
und darin liegt die wahre Stärke,
und wer viel liebt, der tut auch viel
und vermag viel,
und was in Liebe getan wird,
das wird gut getan.

VINCENT VAN GOGH

UND VON TURM ZU TURM
EIN GRÜSSEN,
UND VON HERZ ZU HERZ
EIN SINN,
UND DIE LIEBE HÄLT
ALLER WELT
IHRE BEIDEN HÄNDE HIN.

GUSTAV FALKE

Im Grunde
sind es immer die
Verbindungen mit Menschen,
die dem Leben
seinen Wert geben.

WILHELM VON HUMBOLDT

Es ist schön,
wenn es Menschen gibt,
an die man mit
Vertrauen und Sicherheit
zu allen Zeiten
denken darf.

WILHELM GRIMM

Es muss
von Herzen kommen,
was auf Herzen
wirken soll.

JOHANN WOLFGANG VON GOETHE

Vielleicht bedeutet *Liebe*,
dass man die Hände
so voller Geschenke hat,
dass man sie nicht mehr
ausstrecken kann,
um ein Geschenk
entgegenzunehmen.

ELIZABETH BARRETT BROWNING

ES IST NICHT
DAS GESCHENK,
SONDERN
DER GEDANKE,
DER ZÄHLT.

HENRY VAN DYKE

Leise weht's durch alle Lande
wie ein Gruß vom Sternenzelt,
schlinget neue
Liebesbande
um die ganze weite Welt.

ADELHEID HUMPERDINCK-WETTE

Nach Hause kommen,

das ist es, was das Kind von Bethlehem,
allen schenken will, die weinen,
wachen und wandern auf dieser Erde.

FRIEDRICH VON BODELSCHWINGH

Das Erste,
was der Mensch im Leben vorfindet,
das Letzte,
wonach er die Hand ausstreckt,
das Kostbarste,
was er im Leben besitzt, ist die

FAMILIE.

ADOLPH KOLPING

Weihnachten
ist ein Fest für die Menschheit.
Es kommt über einen
und legt sich warm und weich auf einen
und duftet nach Tannen und Wachskerzen
und Lebkuchenmännern und nach vielem,
was es gab, und nach vielem,
was es geben wird.

PAULA MODERSOHN-BECKER

Die größten Ereignisse,
das sind nicht
unsere lautesten,
sondern unsere
stillsten Stunden.

FRIEDRICH NIETZSCHE

ES WIRD WEIHNACHTEN!

Mein ganzes Haus riecht schon
nach braunem Kuchen –
versteht sich nach Mutters Rezept –,
und ich sitze sozusagen schon seit Wochen
im Scheine des Tannenbaums.

THEODOR STORM

Auch ist mir kein Weihnachten,
wo es auch war, vergangen,
ohne dass es
hinter meinen geschlossenen Augen
für eine Sekunde
unbeschreiblich hell
wurde.

RAINER MARIA RILKE

Ich schau des Herdrauchs
fromme Kreise
zum hohen Blau erblassend ziehn –
und meine Seele füllen leise
des Friedens süße

Harmonien.

CHRISTIAN MORGENSTERN

Mir klingt
ein Lied in Ohren
uralter Zaubermacht:
Es ward **DAS LICHT** geboren!
Es schwand die längste Nacht.

ERNST RAUSCHER

Sterne hoch die Kreise schlingen,
aus des Schnees Einsamkeit
steigt's wie wunderbares Singen –
o du gnadenreiche Zeit.

JOSEPH VON EICHENDORFF

Weiß sind
Türme, Dächer, Zweige
und das Jahr geht auf die Neige
und das

SCHÖNSTE FEST

ist da.

THEODOR FONTANE

Ganz eingerahmt in
weichem Flaum
sind heute unsre Scheiben,
ich sehe durch die Lücken kaum
das wirre Flockentreiben.

ADA CHRISTEN

Die hohen Tannen

atmen heiser
im Winterschnee, und bauschiger
schmiegt sich sein Glanz um alle Reiser.
Die weißen Wege werden leiser,
die trauten Stuben lauschiger.

RAINER MARIA RILKE

VON DRAUSS
VOM WALDE
KOMM ICH HER.
ICH MUSS
EUCH SAGEN,
ES WEIHNACHTET
SEHR!

THEODOR STORM

Ich frage mich, ob der
Schnee
die Bäume und die Felder liebt,
wo er sie so zärtlich küsst.

LEWIS CARROLL

Wenn man auch
allen Sonnenschein wegstreicht,
so gibt es doch noch
den Mond und die Sterne
und die Lampe am Winterabend.
Es ist so viel

SCHÖNES LICHT

in der Welt.

WILHELM RAABE

Das ist
das Wunder
der Heiligen Nacht,
dass in die
Dunkelheit der Erde
die helle Sonne
scheint.

FRIEDRICH VON BODELSCHWINGH

Wie ist so
herrlich
die Winternacht!
Es glänzt der Mond
in voller Pracht
mit den silbernen Sternen
am Himmelszelt.

HOFFMANN VON FALLERSLEBEN

AM WEIHNACHTSBAUME

die Lichter brennen,
wie glänzt er festlich, lieb und mild,
als spräch er: Wollt in mir erkennen
getreuer Hoffnung stilles Bild!

GUSTAV HERMANN KLETKE

Bäume leuchtend,
Bäume blendend,
überall das Süße spendend,
in dem Ganzen sich bewegend,
alt und junges Herz erregend.

Solch ein Fest ist uns bescheret,
mancher Gaben Schmuck verehret;
staunend schaun wir auf und nieder,
hin und her und immer wieder.

JOHANN WOLFGANG VON GOETHE

Es war einmal ein

TÄNNELEIN

mit braunen Kuchenherzelein
und Glitzergold und Äpflein fein
und vielen bunten Kerzelein:
Das war am Weihnachtsfest so grün,
als fing es eben an zu blühn.

CHRISTIAN MORGENSTERN

Weihnachten –
es war immer
mein schönstes
Fest.

THEODOR STORM

WEIHNACHTEN!

Welch ein Zauber liegt in diesem Wort!
Mir ist es immer, als öffnete sich damit
der Blick in den Sternenhimmel
und die Freude funkelte herab,
auch in die Dunkelheit trüber Zeiten.

MONIKA HUNNIUS

Wir wollen
euch wünschen zum
heiligen Feste
vom Schönen das Schönste,
vom Guten
das Beste!

GUSTAV FALKE

Wie sich die Knospen
des Barbarazweiges bis
Weihnachten
öffnen,
so soll sich auch der Mensch
dem kommenden Licht auftun.

JOHANN GEORG FISCHER

Der Schönste

von allen weit und breit,
das ist der Baum, der grünt allzeit;
da hängen hundert Sachen dran
und den bringt uns
der Weihnachtsmann.

HOFFMANN VON FALLERSLEBEN

Fichten, Lametta, Kugeln und Lichter,
Bratäpfelduft und frohe Gesichter,
Freude am Schenken –
das Herz wird so weit.
Ich wünsch allen:

EINE FRÖHLICHE WEIHNACHTSZEIT!

VOLKSGUT

Und ich werde an Weihnachten

nach Hause kommen.

Wir alle tun das oder sollten es tun.
Wir alle kommen heim
oder sollten heimkommen.
Für eine kurze Rast,
je länger, desto besser,
um Ruhe aufzunehmen
und zu geben.

CHARLES DICKENS